JN410453

아이스크림 찬미

송일순 시집

시인동네 시인선 081

송일순 시집

아이스크림 찬미

시인동네

시인의 말

해와 달과 비와 구름들
곁에 와
수런대기에
귀를 주었더니

귓속에
뒤란이 하나 생겼습니다

2017년 8월
송일순

차례

제2부

제3부

제4부

제1부

단풍의 감정

나무는 할 말이 많은 것이다*

그래서 바람을 핑계로 수런거리는 것이다

엄동에 피는 하이얀 눈꽃이 보고픈데

가을에 가라 하시니

온몸에 벌겋게 열 받아서 바닥에 뒹구는 것이다

부서져 내리는 가랑눈 속을 한번쯤

고개 꺾고 걷고 싶은데

서둘러 가라시니 매우 섭섭한 것이다

울긋불긋 단풍 속은 생각도 많은 것이다

---

* 이상국 시인의 시 「뻘을 적시며」에서 차용.

임제다 작가의 새 이야기

저 소리 들리시죠? 검은등뻐꾸기인데 홀딱 벗고~ 그렇게 울어서 홀딱벗고새라 하기도 하고 스님들은 빡빡 깎고~ 한다고 빡빡깎고새라 한다네요 아! 새벽 세 시쯤 뒤뜰에서 귀신새 우는 소리 들으셨어요? 호랑귀빠귀새인데 끼~끼~ 하며 꼭 무슨 녹슨 문소리 같기도 하고 기분 나쁘게 울어서 귀신새라 부른대요 새벽에 잠깨면 한번 들어보세요 아주 으스스해요 그리고 까마귀 새끼 어떻게 우는지 모르시죠? 무슨 새가 사람처럼 아고~아고~ 하고 울어서 처음에 깜짝 놀랐다니까요 진짜 웃겨요 곤줄박이는 구애할 때 보니까 주홍 배때기를 내놓고 간드러지게도 울고요, 아까 대숲 지나면서 물까치 우는 소리, 오리 소리도 약간 내면서 꽥꽥 혼음 소리가 나지 않나요? 근데 대체 쟤들은 모두들 뭐라 지껄이는 걸까요?

새들도 속울음을 울까요?

캣맘

—엄마, 여기 딸기 사진이야 예쁘게 생겼지? 얘 내가 젖 물려 키웠엉

—그게 무슨 소리?

—길고양이 새낀데 어미 없이 혼자 조막만 한 게 너무 불쌍해서 집으로 데려왔었거든 그런데 안아주면 나한테 자꾸 얼굴을 부비면서 젖을 찾는 거야 하도 안쓰러워서 내가 찌찌를 물렸지 그랬더니 빈 젖을 빨다가 자더라고

—기가 차서… 그럼 고양이한테 니 젖을?

—응, 아기들 젖 먹일 때 보면 고 작은 손으로 엄마 가슴을 밀면서 먹잖아 얘도 찌찌를 물고 나를 빤히 올려다보면서 한 발로 가슴 꾹꾹이를 하는 거야 애기와 똑같이

—너도 참 갖가지 하는구나

—한창 재롱일 때 애 입양 보내면서 내가 얼마나 울었다고, 내 새끼 보내는 거와 마음이 똑같애

—아무리 그래도 그렇지, 내가 고양이 젖 물리라고 널 키웠냐

—그나저나 어떤 아가씨가 입양해 갔는데 젖 찾느라 가슴 더듬으면 어째?

—어쩌긴, 공갈 젖꼭지 물리라고 해

선물

엄마
나 오늘 고양이한테 비둘기 선물 받았어
어떡해
밥그릇 옆에 잡아다 놓았더라구
밥 주러 나갔더니 밥그릇 옆에 비둘기가 있는 거야
깜짝 놀랐지
근데 그게 고맙다는 인사래
내가 가끔 닭고기도 주고 그러거든
그니까 나더러 고기 좀 잡숴봐라 그거지
글쎄 어떤 고양인 쥐도 잡아다 놓는다네
지들이 좋아하는 걸 가져다주는 거야
너무 웃기지?
인터넷이나 다른 맘들한테 들었을 땐 안 믿었는데
세상에, 진짜더라구
정말 신기하고 따뜻해
꾀가 말짱한 애들이라
안 가져오면 고양이가 상심할까봐 가져다 치웠어
쥐가 아니길 천만다행이야

걔들 참 영리해 눈 보면 알겠더라니까
밥 주면 고마워하는 눈빛

아름다운 환장

마루야, 마루야! 이것 봐 사료가 그대로 있지, 얘가 요 며칠 안 보여 내가 통곡을 했는데 이제 그냥 발정이 나서 제 여친한테 간 거라 생각하려고, 고양이가 밥보다 물을 제대로 못 먹어 죽는대요 근데 요샌 더운 물을 줘도 금방 얼어, 여긴 저 집에서 밥 주지 말래 여름에 파리 꼬인다고… 그래서 못 줘 파리는 쫓으면 되는 거잖아 자기네는 하루 세끼 밥 먹으면서 왜 고양이는 밥 주지 말라는 거야 이 땅이 다 자기들 땅인가 고양이도 살아야지 난 겨울에 밖에서 사는 얘들 보면서 불만이 안 생겨 그런데 얼마 전 누가 배고픈 애들에게 고기에 독극물을 섞어 주었다잖아 엄마도 뉴스 봤지? 고양이들은 죽을 때 사람 눈에 안 띄는 곳으로 멀리 가 죽는다는데 그걸 먹고 글쎄 아… 진짜 불쌍해, 내가 아파서 링거를 맞으면서도 밥 주러 나오는 이유 애들이 굶고 기다리니까, 그거 환장하는 거야

봄밤

산마루 기운이 내려오는 세설원의 밤
큰개자리 별들을 헤이며
별빛 내리는 융숭 깊은 우물 속을 바라보는데
고양이 곁에 와 털이 보송한 등허리로
밤바람 부는 환한 어둠 속을
살짝 살짝 문지르며
다리 사이를 비벼댄다

야, 너 왜 그러니,
안 돼, 하지 마, 간지러, 저리 가라니까…

저 하늘의 별빛도 마음 비벼 오는데
너도 누군가에게 봄을 묻고 싶은 거겠지

하얗게 부서져 내리는 별빛 아래
연잎처럼 펴지는 홍조로
분홍치마 흘러내리던 봄밤

세월이 왜 이래

사는 게 왜 이래

불한당처럼
장애물 넘기 경기처럼
고삐 풀린 망아지처럼
자빠진 물방개처럼

세월이 왜 이래

달리는 말처럼
야박한 용돈처럼
뽕잎 갉는 누에처럼
써볼 것 없는 봄빛처럼

한마디 상의도 없이

발자국

멍멍개가 하릴없이 짖는 초가 굴뚝에
가뭇한 저녁연기 구름 따라 떠가고
굴뚝새들 포르르 나뭇가지 위로
줄지어 날아드는 길가

만물의 영장과
미물 사이

발 없는
말이
오가는데

어랏!
공중에도, 지상에도 없는
발자국 하나
서산에 떴다

그런 일이 있었다

영정사진을 미리 찍어
부부 사진을 확대해서 안방에 나란히 걸어놓았노라
친구에게 말했더니
그러는 게 아니라고 그러면 진짜 사단 난다고
당장에 내리라고

어느 날 꿈에
누런 도포에 갓을 쓰고 키가 장대처럼 큰 남자가
우리를 좇아왔다
뚜벅 뚜벅 걸으면 그도 뒤에서
뚜벅뚜벅뚜벅뚜벅 우리가 걷는 속도를 따라
일정한 간격을 두고 뒤를 따랐다
나는 남편 손을 꼭 잡고 식은땀을 흘리며 어느 만치 도망가다
갈림길에서 빠르게 옆길로 숨어들었다 그러자
우리를 좇던 그도 갈래 길에 걸음을 멈추고 우뚝 서기에
심장이 멎을 것처럼 눈앞이 캄캄했는데
무언가 한참 생각에 잠기는 듯하더니

그냥 모른 체 지나쳐 갔다

꿈이 하도 섬뜩하고 찜찜하여
벽에 걸었던 부부 사진을 내려 그 자리에서 찢어버렸다

며칠 후 윗집 여자가 죽었다

낯선 나라의 지도를 보는 것처럼
뜬소문처럼 막막한
옆길,
의 구원이라 믿어진다

나도 한번쯤
누구에겐가 옆길이 될 수 있을까

가위에 눌리기

나 가위에 눌렸나 봐요
그림자 없는 수상한 사람들이
머리맡에서 수런거리며 방을 드나들어
당신들은 누구세요, 묻고 싶어도
입이 떨어지지 않아요, 정말이에요,
누가 나 좀 깨워주세요
눈먼 새처럼 캄캄한 미로 속을 헤매는 나는
정신이 가물가물 아득해지면서
까무룩 무아를 경험해요
낙화가 이렇듯 절명의 순간
황홀한 춤의 곡선을 그리는 이유를 알 것 같아요
내가 다녀온 그곳은 어디일까요
누가 나를 부른 걸까요,
그곳에 가면
그리운 영혼들 만날 수 있었을까요
공포에서 벗어나
나 좀 더 거기에 머물었다면
양지 바람벽에 기대어

가만히 얼굴 마주할 사람 있었을까요
하늘나라 울 아부지
내가 보고파
날 부른 걸까요

내 신발 벗어 까치에게

먼 길 돌고 돌다
해 이울고
눈은 나리는데

빈 몸뚱이만 공중에 띄워놓고
눈밭을 떠도는
까치야

시린 맨발을 두고
차마 떠나지 못하였느냐

이마에 동여맨 머리띠
바람벽에 걸어두고

내 신발 벗어 까치에게 바치리

밥이 밥을 먹다

2015년 3월 15일 멕시코 거주 수아레스 장례식에
개들의 조문이 화제가 되었다
아침마다 유기견에게 밥을 주던 여성이 세상을 뜨자
어떻게 알고 이사한 지역까지 찾아 왔는지
개들이 하나둘 모여들어
슬픈 눈으로 수아레스를 애도했다고 한다
그 믿을 수 없는 사실에
가족들은 물론 모든 사람들이 숙연해 했다는 것이다
개들은 화장 준비가 끝난 후에야
장례식장을 떠났다고 했다

까마귀가 깍깍 우는 길가 사육장의 개들
개장에 갇혀 기를 쓰고 짖는다

밥을 먹고
밥이 될까봐
밥값 하는 개들

해골

CT 진료영상자료 속에
내 해골이었습니다
소스라쳤습니다
슬픔과 기쁨 후회와 미련이 없는
피부 속에 감춰진 저 모습
차마 나의 묘지를 본 듯
저승꽃을 보는 듯
머리가 휑하니 비어 오더니
죽음을 거느린 입자들이
진료실 가득 떠다녔습니다
왠지 고해를 해야 될 성싶기도 하고
자작작작 타오르던 젊음의 로망들이
맥없이 취약해졌습니다
허울 없는 나에게 미소 지었습니다
바람에 그을린 내 해골에
측은지심이 일었습니다
마치 숨은 조력자를 보는 것 같아
내가 나에게 목례해야 할 것 같았습니다

개자식

새끼 때부터 방에서 함께 뒹굴며 십여 년이나 출퇴근하는 가족들을 뛸 듯이 반기어 집안에 생기를 불어주며, 밖에서 쌓인 피로를 말끔히 가셔주던, 아이들이 아프면 말은 못해도 밤새 손발을 핥아주며 곁을 지켜주던 영리하고 속 깊은 개, 레오는 매미가 슬피 울던 여름 가족들과의 산책길에서 교통사고를 당했다 식구들의 충격과 우려 속에서 수술을 받고 생사를 가르다 결국 딸애의 품에서 숨을 다했다 그러나 죽음의 순간 무거운 눈꺼풀을 들어 축축이 젖은 눈으로 엄마처럼 따르던 주인을 한없이 바라보았다 다시는 볼 수 없는 얼굴에서 눈을 떼지 못하던 레오의 마지막 모습에 두고두고 몸서리를 치던 딸애는, 날이 갈수록 그 눈빛이 생생하게 떠올라 새끼 잃은 초원의 사슴처럼 몇 날 며칠 목을 늘이고 울며 화장한 뼛가루를 끌어안고 잠자리에 들더니 지켜주지 못해 미안하다, 너는 가슴에 묻은 내 자식이야,

기억하니?

엄마 요즘 운동해? 눈 밑 처지는 것 좀 봐. 내가 여러 번 말했잖아, 운동을 좀 하라고. 나이가 들수록 근육을 키워야 한다니까, 참 말도 안 들어요. 그럼 엄마 요가를 해볼래? 요가가 몸매도 예뻐지고 탄력도 생기고 좋을 것 같아. 내가 한번 알아볼게, 아이크림은 바르고 자나? 좀 가꿔~ 이제 보니 머리숱도 없네 머리가 많이 빠져? 그러니까 머리 영양제도 쓰고 두피 관리도 좀 하고 그래. 카드 써~ 배는 또 언제 그렇게 나왔어. 허리가 아예 없잖아. 대체 어쩌려고 그래, 건강검진은? 어디 아픈 데는 없는 거지? 집에만 있지 말고 나가 놀아, 아유 제발 울 엄마야.

기억하니?
내 손을 잡고 졸랑졸랑 시장 길을 따라나서던,
그 옛날 내가 파랗게 젊었던
너 초등학교 1학년 소풍 날
보물찾기 놀이할 때 선생님의 호각 소리에
우루루 풀숲으로 뛰어들어 가슴 졸이며
잔돌 밑에 숨어 있는 하얀 보물 쪽지 찾아들고

길길이 환호를 하던
쪽지에 쓰여 있는 '연필 2자루' 글자에
방방 뛰며 좋아하던…

나 이제 어느덧 가을 끝자락에서
신록을 기억하는 네 손목에 잡혀
나목의 길을 가누나

이사

언젠가는 두고 갈 것들을 싣고
흘러가는 거지요
쓸려가는 걸까요

그곳에선 어떤 사유들이 나를 기다리고 있을까
그곳의 달빛 별빛은 내게 무슨 말이 하고 싶을까

고요가 내리면 나와 함께 밤길을 걷던
창밖의 벚나무
마음이 부성일 때면
말없이 속을 다독여주던
나의 벗 벚나무
오는 봄
하이얀 꽃잎 피워놓고
가지 늘여 창가를 기웃거리며 나를 찾겠지

나 떠난 줄도 모르고

제2부

대장정

한때 나는 나 없이 살았다
산수유 생강나무 꽃잎들
소리 소문 없이 나 모르게 다녀가고
초록인가 싶었는데 어느새 노오란 은행잎들
가을 자락에 매달려 스리슬쩍
등 뒤로 지나갔다

문을 나서면
매화 산수유 동백이 나 보란 듯 피어 있고
아기 별꽃들의 미소가 물안개처럼 떠다니는 산중턱에서
나는 날마다
살갑게 눈짓하는 산정의 풍경을 감내하느라 버거웠다

그러던 어느 날
산 정상에 올라
까무룩 티끌처럼 지워져 가는 노을을 바라보다가
나는 그만
시를 쓰려다 울었다

돌아가시오

'잠깐! 길 없음 돌아가시오, 담양경찰서 백'
용대리 산책로 갈래 길에 세워진 팻말이었다

문인으로 돌아가란 말인지
무인으로 돌아가란 말인지
통 알 수가 없었다

더 이상 가슴 뛰지 않는 시의 숨결
이제 물고기 첨벙이는 물가에 풀어주어야 할지
저녁밥도 잊고
까치 노을처럼 붉은 장미 밭을 헤매듯
생각을 마중하던
첫사랑의 풋풋한 떨림의 시절로 돌아가야 할지
내심 시끌시끌하였기에
보다 못한
관할 서에서의 관심사로 보이지만
그 향방마저도
모호하기가 짝이 없다

>

가까운 길로 돌아갈밖에

초행길

담양에서 휘파람 소리가 들려왔다

차창 밖으로 목이 기울고
영혼의 나들이가 미소 짓는 길에서
보일 듯 보이지 않는 시를 생각하다
필까 말까 망설이는 개나리를 바라보며 터미널에 닿았다

—글을 낳는 집을 아세요?
기사들이 우루루 몰려와 나를 쳐다보며 되물었다
—네…? 무얼… 낳는다고요? 그… 글을 낳아요?

해방감이 강질강질 뛰는 초행길 가며
산모롱이 돌아 낯선 길을 달리는 내내
겨울을 밀어내는 새잎의 환송이 길가에 자자한데

아는 이 하나 없는 이곳에서
시와 눈 맞아
황금알 같은 글을 낳았으면

죽여주는 시

내가 아는 어느 시인은
슬픈 시는 쓰지 않는다고 했습니다
슬픈 시는 슬픔을 부른다나요
그런 시는 안 쓰는 게 좋다고
나를 믿고 귀띔하였습니다
죽음의 글은 더더욱 아니라고 했습니다
죽음을 생각하면 그대로 된다고
자기는 직접 봤다고,

(죽자 사자 다해도 시가 안 되는 판국에…)
그러나 대놓고 대꾸는 않았습니다

죽음은 삶 속에 숨어 살기에
아무도 모르는 거라고
삶 속에 깃든 죽음의 시는
얼러내야 한다고
죽여주는 시가
좋은 시라고

노숙의 메아리

방울이 살래살래 밤길을 따라나서고
문간의 복들이 곤히 잠든 밤
오소리와 다람쥐가
글을 낳는 작가들의
이슥한 창작 불빛을 갸웃거리는
세설원 철다리 아래
청량한 계곡 물소리 적요 위에 부풀어
야윈 영혼을 살찌우는 밤
쉼표 같은 수로 속의 올챙이
봄, 이라 쉼표를 찍으며
파문처럼 떠다니는 달빛 아래
술래 하던 밤하늘 구름들
손뼉 탁탁 쳐 나를 부르더니
욕망의 마디들
마디마디 꺾어 던져버려

이 야호!
야호! 야호!

노숙의 메아리가

노숙의 봄 산을 넘다

어떤 날

차비라 해야 맞는 건가
여비라는 말에 그가 고개를 꺾으며 껄껄 웃었다
미등 아래

우리는 저무는 강가에서 식어가는 노을을 조물거리며
그늘에 마주앉아
무얼 위로받고 싶어 했을까

갈잎이 버석거리듯
가을 내음에
내가 쾌재를 부르자
그도 윗저고리를 벗으며
휘파람을 불었다

—죽음을 생각해본 적이 있나요?
—당연히, 죽음은 시와 가깝죠. 죽음은 시가 되물어야 하는 의문부호니까요. 지금도 우린 죽음을 살고 있는 거구요.

재즈가 흐르는 낮은 음반 위에서
말들이 깨어 뜨겁게 입맞춤했다

맥주 반 잔의 치사량에
그가 몹시 딱한 표정을 짓던
어떤 날

황송한 자리

점집에 갔다
여인은 나와 마주앉자
가짜 담배를 빽빽 피우면서
뽀오얀 연기를 입가에 머금어 신기를 자아내며
내 신을 신고 보이지 않는 길을 더듬어
나를 찬찬히 읽더니
"이제까지 이성이 우선이었다면
앞으로는 감성 지향으로 가네요"라며
내 심경을 들여다보듯 딱 맞는 소리를 한다
어떻게 알았을까
요즈음 초록이 갈마드는 정원을 은밀히
마음속에 들이고 있다는 것
그녀가 내 방을 열어 목을 길게 빼고 나를 엿보는 사이
나도 그의 일거수를 시의 점술 속에 가두었다

그러더니
무심히, 그러나 집요하게
문학… 문학…

앞뒤 없이 혼잣말로 자꾸 되뇌는 저 소리
내게 기생하는 미약한 기질을 들추어 부르는
황송한 자리였다
문학…
나는 재채기하듯 대답했다
네 제가 작갑니다!

별일이네

오리온 별자리가 초랑초랑 뜬 밤
마당가의 장독들
별 보는 나를 보며
헤프게 웃네

시리우스별이 빛나는 밤
고뇌의 발소리 없어
까칠하던 손톱 달
허리를 콕콕
지분거리네

북두칠성 환한 밤
하늘에 떠가는 비단 행렬
구름인가 했더니
시네

별일이네

나 시인이잖아

궂은 날
창가에 기대어
흐린 하늘에 흩날리는
나만의 푸른 고요
등에 들쳐 업고 허공에 올라
왜 이렇게 내 마음이 요즘 따라
노을빛에 기우는지
지금도 해묵은 사춘기가 오는지
묻고 싶은데
사추기(思秋期)를 넘나드는 내 마음
따져보려는데
대충 모른 체하시지
나 평소
침묵이 저항이었다 한들
눈치 없이 슬금슬금 눈치를 보며
왜 내 곁을 지싯대나요
왜 저러나 궁금하겠지만
여보야, 나 시인이잖아

불구의 사랑

춘란 한 포기 데리러 세설원 뒷산 가는 길
노랑나비 한 마리
둑가에 모여앉아 새새대는 개불알꽃들 위로
팔랑팔랑 날개를 저으며
꽃잎을 희롱하는 몸짓을 보네

바삭바삭 마른 솔잎을 밟으며 산길 오르는
불온한 행보에 무턱 잔등을 내어주는 산등성은
언제나 편애가 없네

험한 산기슭에 낙엽을 들추고 해맑게 피어난
하이얀 노루귀꽃이 산바람에 살래살래
고개 저어 눈짓하는 소나무 아래
비바람에 잎을 잘리고도 푸르게 웃는 춘란이 눈에 띄어
새소리를 빌어 은근 눈 감아주는 산의 허락을 얻어
소중히 캐어 안고 내려왔네
그때 비탈길에서
더 청초하고 잎도 매끄러운 춘란에 혹해

품고 오던 난을 다시 흙에 묻어두고
서둘러 산을 내려왔네
상처 위에 상처만 더했을
버림받은 그 여린 속이 어떠할지 마음이 쓰였네
그러나 한편
내 손 잡고 와 향수병으로 고생하는 난을 보며
도심 속 화분에서의 호된 몸살을 예견한 산 식구들이
아픈 난을 보내지 않으려는 만류가 있었으리라
생각하니 또 마음이 쓰였네

저런, 저런,

느릿느릿 구름이 뒹구는 마당가에서
봄빛에 까무룩 졸던 노란 고양이 방울이
먼발치서 나를 보며 살래살래 다가오더니
발랑 몸을 뒤집어 제 아랫도리를 다 내보인다

"방울이 암놈인 줄 알고 촌장님이 짝을 데려왔는데
알고 보니 방울이 숫놈이더래요
그래서 쟤들이 둘 다 남잔 거예요"

나는 제다 작가가 하는 말뜻을 이해하는 데 여러 날이 걸렸다
암놈 맞던데…

아,
그렇다면 촌장님도 나처럼 그리 보시고
방울이 짝을 동성으로 데려왔다는…?
저런, 저런,
촌장님께서 그런 실수를,

방울이 여복이 없는 게지
아님 방울이
친구를 보려고 술수를?

병 주고 약 주다

언제부턴가 나는
시보다 시인들이 좋아졌다
시 쓰는 일보다
시를 길어 올리는
시인들과 말 섞는 게 좋고
시를 보는 것보다
시가 얼려져 나오는 생생한
시인들 얼굴을 감상하는 게 더 좋았다
시인을 만나
시 얘기를 하는 게 훨씬 즐거웠다

시 없는 시인을 경계하라 하시던
스승의 말씀이 생각나
어느 날 스승께 고하였다

—저 이제 시 그만 써야 할 것 같습니다
스승께서 대뜸 답을 주셨다
—시 없이 사는 게 으뜸이지요

병 주고 약 주신다

10원의 품삯

물속 쏘가리처럼 지하철을 쏘다니며
전단지를 붙이는 품삯이 한 장에 10원
'급하게 팔아요 강남역 1층 상가 팝니다 실투자 2억2천 월세 240만원 받고 있어요'
우리는 한 장의 퍼즐 조각들,
나는 10원짜리 전단지와 동승하여 가며
10원과 억대의 거래 배후에 사네

비루보다 루주 빛이 진하던 그녀는
작은 키에 똥땅한 배낭을 메고 수초 속을 헤엄치며
천 번이나 지느러미를 저어 얻은 1만 원을 어디에 쓸까

가쁜 숨을 몰아쉬는 그녀에게
몸 살짝 기울여 길을 터준 나는
그늘을 다소 덜어준 걸까

합정역에서 뒤밟아와
내내 곁에서

풍요 속 풍요를 허무는
10원의 품삯

용쓰는 치과 의사

—누워보세용
—아, 하세용
—따끔해용
—입 다무세용

환자인 내가 참고 있는데
왜 의사가 용을 쓰시는지…

용은 그렇게 발음하여 쓰는 게 아니라고 봅니다

선수들이 메달을 향한 집념으로 죽을힘을 다해 용을 쓰거나
시인이 썩고 벌레 먹은 문장들을 퇴고하려 용을 쓰거나
삶의 가두리에 자신을 길러내는 고된 노역에서
나를 부축하여 일으키기 위해
용을 쓰기 때문입니다

정곡

시와 실랑이하는 게 평소 이해 안 되던 남편이 한날,
"거 누가 본다고 시를 써"
무른 가슴에 비수를 꽂는다
정곡을 찔린 나는 상처가 욱신거리고 아파
물 팔팔 끓여 커피 한 잔 찐하게 마셨다

창가에 앉아 시를 펼치면
집을 짓던 거미들 일손을 놓고 허공에 매달려
위태로이 시를 엿본다

뒤뜰의 벚나무
꽃잎 쏟아지는 밤
봄바람에 실려 간 꽃잎 생각
휘영청 달빛에 기대어
내가 지은 시를 빌어
그리움을 여민다

이것은 당신도 모르는 일

아마

보라 꽃이 핀 도라지 밭에서
우린 서로 남모르게
마음이 동했으니
낙엽이 지는 가을날
함께 산길을 걷다
길을 잃어도 좋으리
해 뜨는 날이면
기다려도 소식 없는 그의 생각에
비문 같은 신열이
곰곰,
왜 그런지 그가
내 머릿속에서 따개비처럼
떠나지 않는다고 한다면
내가 그를 학수고대 기다리고 있다면
아마
여보야
당신은 내게 시와 살라 하겠지요

제3부

못된 머리

가운을 여미고
거울 앞에 우두커니 앉아 있는
나를 두고 미용인은
잠시 생각에 잠기는 듯
음~ 하고 짧게 신음하더니
못되게 해드릴게요! 한다
인상 편한 고객을 보면
깨뜨리고 싶어진다는
속내 있는 말에 나는 활짝 웃어주며
마음 내키는 대로 하라고 했다
나른하게 길었던 머리는 이내
칼칼하고 다소 튀어 보였다
그러나 나는 유감이 없었다
달라진 머리 모양이 내 마음을 깨워
복사꽃 피는 무릉도원으로 데려갈 것 같아
이제 나를 보는 시간이
길어질 것 같아

아이스크림 찬미

그런 적이 있지요
누군가의 거친 언사에 내색도 못하고 혼자 끙끙 앓던 적,
말에 물려 상처 받고 거울 앞에 오도카니 앉아
머리나 득득 긁던 적,

그러다 아이스크림을 생각했습니다
물을 그냥 얼리면 딱딱한 얼음이 되지만
거기에 마음이 설레듯 거품을 일으켜
착한 공기를 넣어주면
보드랍게 부푼 아이스크림이 된다지요

어쩌면 모든 게 다 그런 건지도 모르겠어요
너무 꽉 채우기보다
약간은 느슨하게 여유를 갖는,

달콤한 아이스크림은 혀에 닿는 순간
누구나 즐거운 마음이 든다고 합니다

나는 미소를 부르는 아이스크림을
한입 베어 물었습니다
그러자 부드러운 크림이 목을 넘어가면서
불편한 감정들도 사르르 녹아내렸습니다

무상

홍대 거리에서 동생이 중얼거렸다
—벌써 낙엽이 지네
—8월에 무슨?
돌아보니
병든 나뭇잎이 바닥에 힘없이 내려앉고 있다
잎을 주워 가만히 볼에 대어본다

병상의 친구는 침구를 세워 앉아
혼미한 의식 속에
힘없이 손을 내어주는데
더 이상 자식들을 볼 수 없는 죽음의 공포로
손이 가늘게 떨리고 있었다

작은 옷가게를 운영하던 그 애의 뒷방에
걸핏하면 모여 앉아 웃고 떠들던,
외로움을 삭이며 아등바등 살아가던
지상의 기억들을 되새기듯
가쁜 숨소리

그 곁에 무수히 지나는 인파와
자동차 경적 소리
그리고
흰 구름이 떠가는
푸른 하늘

‘아무도 아무도 없는 쓸쓸한 너의 아파트…’
나는 그 애가 즐겨 부르던 노래의 소절들을
가만히 불러본다

내 이름은 일순이

나는 일에 관한 한 관대하다
나는 늘 소매를 걷어 붙이고 산다

난 지금까지
수십 년 동안
수십 가마니의 밥과
수십 트럭의 빨래를 했다 그리고
수만 가지의 생각들을 뒦고 시 밥을 지어
햇빛과 바람 속에 널어두었다

나는 일순이,
난 이름값 하는 여자다

야 그 할머니 야 하셨네

창평 장날 안뽕순대에 무등산 막걸리를 거하게 나눠 마시고 슬로시티거치 장터를 누비는데 수박만치 큰 고구마를 앞에 두고 앉아 우리들 눈길을 잡아끌던 할머니, 씨 고구마 안 사간께 맴이 심란하다며 밭이 없거들랑 궁둥짝에라도 심으라 고단한 하루를 농으로 눙치시듯 웃으신다 뜻 없이 따라 웃고 보니 고구마를 궁둥짝에…? 야 그 할머니 야 하셨네… 근데 씨 고구마 팔아 그 돈 어디에 쓰시려나 약? 병원비? 하릴 많은 할머니를 장터에 눌러두고 온종일 해바라기하는 씨 고구마, 가져다 구워 먹든 삶아 먹든 엉덩이 툭툭 털고 일어나시게 떨이해 드릴걸 할머니의 합죽한 입도 여문 쌈지 아가리도 헤벌쭉 웃게 해드릴걸

식영정

부용당에 올라

구들에 불을 넣던 관계자의 굳은 표정을 살피며 스스로 시인이라 칭하였더니, 해설에 다기상까지 내어 선인들의 온기 서린 정자 마루에 앉아 걸음하신 여여에 깃들어 녹차를 음미하며 성산별곡을 음시하는 호사를 누렸다

명승지를 찾는 일이 이리 먼 길이었던가

나와 한 몸 되어 비탈 오르던 그림자 이제야 도심에서 벗어나 숨 고르며 선인들의 그림자가 쉬어가던 식영정 그늘에 앉아 고적한 풍광에 드는데, 빛바랜 누각 아래 호수마저 먼 곳을 다녀온 듯 이끼 낀 물 위에 누룩꽃 피어 애써 저무는 풍광 속에 아름드리 노송이 우뚝 서 하냥 웃더랍니다

11월

황금빛으로 물든 저 숲속으로
빈손 들고 쳐들어가
한 이태 파묻히고 싶다

장대비처럼 퍼붓는 낙엽 위에
울울한 속 확 쏟아붓고
초록을 벗는 가을 향기를
으스러져라 품고 싶다

하늘 가까이에 머물던 마른 잎 곁에
푸른 쪽빛 이불 끌어 덮고
갈잎 베고 누워
실컷 하늘바라기 하고 싶다

11월이 나를 허락한다면
저 숲이 나를 받아준다면

왜 나랑 눈 맞았니

산새와 구름에게 묻지도 않고
산에 사는 청아한 춘란 한 포기를
좋아라 업고 내려왔다

날이 어두워지자
마당가 고무 구박에 임시 묻어둔 춘란이
여간 신경 쓰이는 게 아니었다
허리를 간질이던 낙엽의 손길도
새들의 노랫소리도
속살대던 하얀 노루귀꽃도 보이지 않아
홀로 타지에 전학 온 아이처럼
가슴이 콩닥콩닥 뛰어 잠 못 들지는 않을까
밖으로 나와 쪼그리고 앉아 물었다

괜찮니?
힘이 하나도 없구나
어서 일어나 어쩌려고 그래
살아나야 해

정신 차려

산으로 다시 가고 싶은 거야?

그럼 왜 아까 나랑 눈 맞은 건데?

사람 보내기 좋은 날

비가 내리네
산비둘기 울며 나는 산 아래
산신처럼 물안개 피어오르고
길가에 늘어선 벚나무
가지마다 맺힌 물방울들
어떤 슬픔이 저리 맑을 수 있을까

세간을 벗어나
나를 찾아 독대하고 돌아가는 길
혹여 내게서 이 길 지워진다 해도
엄마의 양수 속 같은 이곳
영영 잊지 못하리

'오늘 같은 날 사람 보내기 좋은 날입니다'

풀밭에 누웠던 산야 식구들의
다정한 신발 끄는 소리
집까지 들렸습니다

팔심이와 카톡을

—엄마

—옹야

—요즘 애들 아빠 직장 스트레스가 심해서 나도 힘이 없네

—어쩌냐?

—살면서 되는 일보다 안 되는 일이 더 많고 내려놓고 비워야할 것들 투성이야

—엄마도 그랬어 근데 지금은 아니잖아 기다려봐 좋아질 거야

—나는 하느라고 하는데 살림은 안 늘고 체중만 자꾸 불어나 잘 빠지지도 않음서

—흐린 날이 있음 개는 날도 있는 거야 엄마 말 믿어 팔심아 기운 내고

—웅 엄마

—그래 사는 게 지미지?

—아니 젠장이야

—ㅋㅋ

—ㅎ

골프 레슨

―몸을 흔들지 마세요

(제가요? 몸을 흔들어요? 그럴 리가요, 아닙니다 잘못 보셨어요 저 중심 있는 여잡니다)

―네, 조심하겠습니다

―공을 오래 보세요

(저도 알고는 있습니다, 하지만 공 볼 새 없이 저지레를 하는데 전들 어떡하겠습니까? 도리가 없습니다)

―네, 그러겠습니다

―힘 좀 빼세요

(힘을 빼라니, 무슨 말씀을 하시는지요 오해십니다 그런 게 있기나 하면 얼마나 좋겠습니까, 저 힘없는 서민입니다)

―네, 알겠습니다

―다리를 꼬지 마세요

(어이가 없네요 제가 다리 꼴 일이 뭐가 있겠어요? 저, 꼬인 게 싫어서 꽈배기도 안 먹습니다)

—네, 잘 하겠습니다

—리듬을 타세요

(참 어렵네요 시도 모자라서 공까지 리듬을 타라니, 제가 시 쓰는 데 리듬을 다 쏟아부어서 그렇습니다)

—네, 명심하겠습니다

—덤비지 마세요

(덤비다뇨? 무슨 말씀이세요? 저 인내력으로 똘똘 뭉친 사람입니다 저 절대 무모하게 달려들지 않습니다)

—네, 죄송합니다

그래그래 호호호

—남편이 잘해 주죠? 나이가 전혀 안 보여요

—잘해 주긴 그런 거 없어요 나 스스로 피워 올린 꽃이랍니다

—그래그래 호호호

—가만 보면 우린 다 괴물 근성이 있고 맹한 구석이 있지 않나요?

—그래그래 호호호

—집 떠나온 게 이렇게까지 매일 감동일 줄이야 여기 오니까 식구들이 먹는지 마는지 아무 생각이 없네 나 왜 이러지?

—너무 한 거지

—그래그래 호호호

—전요 앞으로 작은 것에 감동하면서 살 거예요

—이야, 동참이요

—오늘은 막걸리 지게미 얻어온 걸루 합동 마사지들 받자고요 아 글구 이따 동백 보러 갈 때 맥주 싸가지고 가서 한 모금씩 하는 거로!

—그래그래 호호호

—우리 잘산 거 맞지? 안 그럼 집에서 이렇게 놔주겠어요?

—여보세요 그런 소리 딴 데 가서 하지 마요

—맞아 펄럭이지 말고 지금처럼만 살아보자고요

—그래그래 호호호

—근데 우리 장에 나가 매일같이 이렇게 이태백처럼 술 먹고 건들거려도 됨?

근시

얼마 전 지하철역에서
'성기 이용'이란 글자가 눈에 띄어
저렇게 심한 소리를 해도 되나 싶어
눈을 크게 뜨고 뒤돌아 다시 살펴보니
물품보관소
'정기 이용'이었다

요즘 부쩍 눈이 침침하고 불편해서
안과에 진료 요청을 했지만
예전부터도 주위가 그리 잘 보이지는 않았다
이따금 바깥 날씨나 잘 내다보일 뿐,

나는 오래전부터
마음의 근시가 있었던 건 아닐까,

그 옛날 나 어릴 때
어른이라고 멍석 위의 단내 나는 호박참외가
왜 생각이 없었을까만

손사래하며 우리들만 먹이시던 엄마의 마음도,
엄마도 여자인데
왜 그리움이 없었을까만
우수에 젖은 엄마의 커다란 눈이
수은빛처럼 위태로이 흔들리는 것도
알아보지 못했다

나 좀 더 가까이에
눈여겼더라면

주막 할매의 일장

덜컹이는 미닫이문을 열고 주막에 들어선 우리는 김치 한 사발에 할머니가 손수 빚은 막걸리 한 주전자를 받아놓고 찌그러진 양은 주발에 주르르 따르는 할머니의 구겨진 인생살이를 허름한 의자에 둘러앉아 일 삼아 들었다

나도 옛날에는 떵떵거리고 살았는디
스모가 들어옴서 울 아부지가 망해브렀어
그람시로 배고픈께 크도 덜한 쬐꾀난 나를 시집을 줬어
더 크야 속도 들고 하는디
시집와서 일만 한께 근강은 하드만 아프도 안 혀
그때는 비니루도 엄써서 나무가 젖으믄 참말로 환장해브러
양말도 겨 신으믄 발에 드가도 한혀서 지랄같으고
요 머리도 내가 짤라브러
전에는 애들 머리도 나가 깎다
학교 감시롱 담에 또 깎으고 했재
나 어려서 노랠 잘 했는디
'장백산 줄기줄기 피 흘린 장군' 함서
공산당 놈들 노래는 겡끼가 있드만

막걸리 가져가서 메칠 있다 묵어도 암시렁도 안 혀
더 개미있스
어울려지면 더 달구만,

…인자들 가시게?
나가 여그 안 나옴 누가 날 보러 오것소…

등 뒤
할머니의 독백이 떡 매 치는 소리를 냈다

청운동 옛 빨래터

생강나무 꽃향기를 맡으며
산수유 피는 대숲을 지나 옛 빨래터를 찾았다

시냇물이 졸졸 흐르는 냇가
주름진 맨손으로 빨래하는 빨간 스웨터의 할머니
철야기도 하듯 땟국물을 하얀 거품에 말아 흘려보낸다

그 옛날 고무장갑 없던 그 시절
빨갛게 언 손으로 빨래하던 울 엄마
그런 날이면 추워 추워하며
매지근한 아랫목에 발을 묻으며 한기를 달래던 울 엄마

굽이치던 강물 어디 가고
노을 지는 마른 강가의 억새들 엄마 찾는 나를 보네
저 억새들은 나 어릴 적
빨래하는 엄마 곁에서 공깃돌을 주우며 놀던
우리 모녀를 기억할까
그 붉게 언 엄마 손 다시 잡아볼 수 있다면

하늘가에

물까마귀 한 마리 울며 날아갑니다

감으로 가는 길

길에서 길을 묻는 이가 더러 있다
내 길도 감으로 가는 터수에
누구더러 이리 가라 저리 가라
안 될 말
그럴 때마다 대답하기 뭣하여
저도 잘……
말끝을 흐려왔으나
해줄 말이 있기는 하다

어디를
왜 가시려는지 알 수는 없으나
한눈팔지 마시고
돌다리 두들기듯
정석으로 가신다면
별 탈 없을 거라고
혹여 길 잘못 들었다면 지체 없이
곱돌아 나오시라고

제4부

효소

해와 달과 별을 거느리던
산기슭 산들래 민들레*
산 그림자 잠들고
지척의 아스팔트 길게 누워
길 위에 흘리고 간 기염들 지우는
적요한 밤

마당 가득 산초들
장독소래기 굳게 닫아 합궁하여 까슬한 입술 서로 부비며
적장 손깍지 끼고 제 몸 던져 공을 세운 논개처럼
약재에 업혀 온 연보랏빛 쑥부쟁이
가녀린 꽃 대궁 효소에 수장하고도
들바람 부는 풀밭의 생각
바람벽에 쏘아 올리며
소란 속 고요에 댓잎 물들어
꼬박
네게 걸어가는

---

* 이규성 시인의 산행일지 제목 「산들래 민들레」에서 차용함.

누름돌

심해 속에 눌러앉듯
아픈 영혼에
호오 입김을 불며
노오란 개나리꽃이
피어나기를
기다리던 돌
뻐꾸기 우는 밤
노숙의 길목에서
어둠을 달래어
먼동을 부르던 돌
행주치마 거머쥐고
누군가를 부르면
슬픔의 소용돌이
지그시 눌러
양지꽃을 피우던
마음의 돌

천리향

책상 위
음지에 핀 천리향아

이제
너의 수고를 묻지 않으련다

꽃나무는 애써
꽃을 피워야 할 소명이 있고
나는 비바람 불어와도
살아가야 할 사명이 있기에

살아있는 것들은 모두
죽을 똥 살 똥 사는 것이니

이제
너의 수고에 대해
경의를 표하지 않으련다

명상

고요 위

적요가 내리면

밤별이 보여요

하늘은 두 손 모으는

경전의 집

그 별 저어

가만히 마시면

뇌리에 떠다니는

자욱한 별의 별들

>

곤히

잠이 들지요

벌써 가는 거니?

산허리의 흰 눈이 시나브로 꺼져가는 봄
뒤란의 벚나무 봄바람에 하르르 꽃잎 지며
흰나비처럼 웃는다

왔구나 싶었는데 벌써 가는 거니?

시린 바람에 울어 보았니?
고깔 속 어둠은 보았니?
절창 같은 사랑은 알았니?
벼랑의 나뭇가지 그러쥐듯
치열하게 살아는 보았니?
네게 등 돌린 날들을 순순히 용서했니?

나 떠나
여념 없는 삶은
살아봤고?

빗소리

저 빗소리
마른 빗소리더니

세설원 마당 장독 위에
후두둑 툭툭 떨어지는
밤비 오는 소리
오랜 친구 음성 같으네

저 빗소리와 함께
엄마가 홍두깨로 반죽 밀어 호박국수 해준 적 있고
저 빗소리에 마음 비워
그 마음속에 길을 낸 적 있고
저 빗줄기 부여 쥐고 부르르 일어선 적 있다
그런 적 있다

저 비 스미어

내가 아는 여자는

낌새가 없고
꼼수도 없고
깔깔하지 않으며
마음속 교란이 없어
각지거나 혹은 둥글고
바깥보다 안쪽으로 기울어
산그늘 내음이 나며
선한 바람 끼쳐 와
절간 내가 나는
오솔길 같은
그런 여자

무서운 세상

공주처럼 망사치마를 차려입고
가을 나들이에 나선 세살 난 여아가
엄마 손을 뿌리치고 가다가
우뚝 서 나뭇가지도 흔들어 보고
고개 젖혀 하늘을 쳐다보며
빙그르르 맴을 돌다 나와 눈이 마주치자
빙그레 웃는다
저 그림 같은 아가도
해와 달과 별이 지고
바람이 일면
할머니가 되겠지
세상은 참 무섭다

뒤뚱뒤뚱 멀어지는 조막만 한 뒤태에서
먼 훗날
지금처럼 빙그레 웃는
아가 적 할머니의 모습을 떠올려본다

창

아파트 벽을 짚고 서 있는 저 창들 들추어보면

아득히 먼 환영을 눈에 새겨
그 눈에 길이 난 창

마음에 빈 들판을 들이고
아른한 풀벌레 소리에
외로움을 앓는 창

오색 네온사인이 눈부셔
한쪽 눈을 감고
어스름에 깃드는 창

창 없는 창가에 앉아 땅금이나 그으며
오지 않는 봄을 기다리다
나도 모르게 노을에
실려 가는 창

벚꽃 진 자리 잎에 내어주고
창틀에 소복이 날아든 귀먼 꽃잎들
귀에 익은 새소리
흘리며 가는…

북촌 한옥마을

선비의 도포자락이
댓돌 위를 내려서듯
가을바람에
마른 잎이 굴러 돌담에 기대어
사뭇 웃더니
노쇠하여 골골 서 있는
기와의 이마를 비추던,

젊은이들의 찢어진 청바지와 선글라스 물결이
소품 가게를 이웃하며
홍등 걸린 한옥의 옛일을
오늘처럼 드나들며

양반가의 서슬도
이웃도
마당가 잔설 가지에 앉아 울던 새도
다 떠나보내고
북촌 어귀 사이사이에

수백 년 온전히 숨죽여 앉아
나를 기다려준 한옥이었다

이런 수고

이 빠진 얼굴 누가 볼까봐
뼈아프게 아까운 12월의 여러 날을
치과에 가서 입이 째어져라 시달리며
이빨을 고쳤다

나이 들어 보일까봐
날도 추운데 미용실에 가서
볼 것 없는 묵은 잡지를 뒤적이며 앉아
흰머리 염색을 했다

보다 주요한 기초 이미지를 위해
듣고 보고 생각도 고치며
매사 조심하기로 하였다

보이기 위해 들이는
보이지 않는 수고로움이 꽤나 크지만
별 불만이 생기지는 않았다

만지지 마시오

길 잃은 눈보라에 멱 잡혀 가듯,
평지풍파

벼랑에서 텀블링을 하며 가듯,
파란만장

이견과 갈등이 화염에 휩싸이듯,
우여곡절

만지지 마시오

너덜겅 풍경

수곡리 마을을 지나
낙엽 진 굴참나무 잎을 밟으며
동박새 우는 갈대숲을 어느 만치 걷다
막다른 산기슭 봉분가에서
우연히 만난 광경이었다

이게 웬일인가
이 무슨 사단인가

깊은 산골짝 나무 덤불 뒤에서
언제 어디에서 왔는지
크고 작은 돌들이 비탈진 골짜기에
토사물처럼 쏟아져 내려
거대한 군락을 이루며
기이하고 서늘한 기운을 뿜어내고 있었다
굴러 내린 돌들은
머리를 맞대어 다리를 포개거나
어깨를 감싸 안듯 서로

모로 가로 곁을 내어주며
저마다 돌꽃을 피워
부서져 하나 되어 걸어가고 있었다
돌들의 구령 소리가 쩌렁쩌렁했다
돌들이 살아 숨 쉬고 있었다

세설원을 나서며

세설원을 나서자
논두렁의 아기자기 별꽃들
소슬한 봄바람에 진저리를 치는데
저만치 냇가의 갈대들
산 마실을 핑계로
산그늘 같은 시와 마주하려는
나의 심산을 눈치챘음인지
우듬지에 모여 껄껄 웃는다

화로처럼 뜨거운 적막을 줍던
고적하고 서늘한 편백나무 숲을
가슴에 안아 들이던 날
양수리 골짜기의 산야들
양손에 매화 가지 꺾어 들고
날개를 활짝 펴
홰를 치며 높이 날아오르더니
한밤 내게 와 팔베개하며
그리웠노라 한다

해설

인생의 곡면(曲面)과 사랑의 입체(立體)

유종인(시인)

1.

소슬한 삶이 드리우는 그늘이 있다. 햇빛도 그 그늘에 들러 가만히 한숨을 돌리고 갈 때도 있다. 바람도 머물고 새소리도 스치며 계절의 여러 향기와 먼 소음들이 갈마들었다 사라지곤 한다. 한번 왔다간 영영 재장구치지 못하고 사라지는 숨탄것들도 있다. 어느 소리는 범박하여 들려도 들리지 않고 어느 소리는 허공중에 빼어나서 귀를 세우게도 한다. 그러나 이내 그마저도 사라지거나 다른 소리에 배어 제 얼굴을 지울 때도 있다. 그러한 삶의 여울을 건너는 자의 목소리는 어떠한가, 그런 사람의 눈빛과 몸짓은 또 어떠한가. 다른 듯 같고 같은 듯 저마다 달라서 하루하루가 쌓이고 여럿이 하나로 보태지고 하나는 여러 날로 세월에 쪼개져 편편하다. 일상의 가벼움과 세월의 무끈함을 꼭 두동지다고만 할 수 있는가.

송일순의 시편은, 여러 날을 하루의 시각으로 은근히 졸여 놓은 듯하고 하루를 그윽이 다시 봄에 있어 세월의 온축(蘊蓄)이 주는 웅시를 여투어둔 듯도 하다. 헐렁한 듯하다 야물게 매듭을 지은 구문(構文)의 매무새가 돋보일 때도 있다. 이는 어디서 오는가. 그것은 바로 심정(affection)을 지극히 다루는 마음바탕에서 발원하지 않을까 싶다.

심해 속에 눌러앉듯
아픈 영혼에
호오 입김을 불며
노오란 개나리꽃이
피어나기를
기다리던 돌
뻐꾸기 우는 밤
노숙의 길목에서
어둠을 달래어
먼동을 부르던 돌
행주치마 거머쥐고
누군가를 부르면
슬픔의 소용돌이
지그시 눌러

양지꽃을 피우던
마음의 돌

—「누름돌」 전문

'돌'이라고 하는 단단한 속성(屬性)의 자연물 속에서 유연하고 부드러운 순행(循行)의 이치(理致)나 마음의 기원(祈願)을 얼러내려는 이 지극한 눈길은 웅숭깊다. 돌이라는 견고(堅固)한 사물에서 '개나리꽃'을 불러내고, '먼동'을 호출하며 '양지꽃'을 피워내려는 의지는 아이러니(irony)하게도 '누름'(pressure)이라고 하는 압력(壓力)을 행사함으로써 얻어지는 기대효과들이다. 그렇다면 이런 일련의 '누름'은 넓은 의미의 반어적(反語的)인 호명(呼名)이며 호출(呼出)인 셈인데, 이는 억압적인 기제(機制)가 아니라 포용적인 타진(打診)이자 능란한 전망인 셈이다. "어둠을 달래어/먼동을 부르"는 행위로서의 누름돌은 세상에 미만(彌滿)해 있는 부재나 결핍(lack)의 상태를 전환시키는 적극적인 의지의 기능, 그 상관물(相關物)로 작용하는 것이다. 그것은 압박(壓迫)이 아닌 소환을 위한 간원(懇願)의 초인종과도 같은 무끈함의 돌인 것이다. 화자의 '누름돌'에 대한 이런 응시는 전혀 상관없는 것처럼 보이는 주변의 사물이나 자연의 순행(順行)을 연계시키는 매개로 돌올하다. 시적 인식의 전환은 이렇게 일상의 도처에서 나름의 재미를 건져 올리며 새로워진다.

'잠깐! 길 없음 돌아가시오, 담양경찰서 백'
용대리 산책로 갈래 길에 세워진 팻말이었다

문인으로 돌아가란 말인지
무인으로 돌아가란 말인지
통 알 수가 없었다

더 이상 가슴 뛰지 않는 시의 숨결
이제 물고기 첨벙이는 물가에 풀어주어야 할지
저녁밥도 잊고
까치 노을처럼 붉은 장미 밭을 헤매듯
생각을 마중하던
첫사랑의 풋풋한 떨림의 시절로 돌아가야 할지
내심 시끌시끌하였기에
보다 못한
관할 서에서의 관심사로 보이지만
그 향방마저도
모호하기가 짝이 없다

가까운 길로 돌아갈밖에

—「돌아가시오」 전문

산책로 갈래 길의 한 켠에 세워진 관공서의 '길 없음' 표지는 '돌아가시오'라는 위험에 가까운 메시지로 드러난다. 그런 유턴(u-turn)이나 반환(返還)의 표면적인 지시는, 이 시편에서 보다 근원적인 내면의 지시어로 은근히 자리바꿈을 한다. 언어학자 소쉬르(Ferdinand de Saussure)의 말대로 표면적인 사물의 이미지로서의 '돌아가시오' 표지가 시니피앙(signifiant)의 외연적 형태로 드러났다면 그걸 심적으로 되새김질해 초발심(初發心)으로 보는 개념은 내연(內延)의 시니피에(signifie)로 적절하다. 단순한 경로 안내판이 화자로 하여금 본원적인 삶의 지침에 대한 생각으로 확장되고 진전된 것은, 사물에 대한 유심한 눈길이 아니고서는 쉽게 얼러질 수 없는 계제다. 이렇듯 기표(記標)와 기의(記意)가 두동지지 않고 서로 자연스레 너나들이하며 삶의 한 지경으로 보이는 순간에, '관심사'와 '향방'이라는 중요한 키워드가 탄생하는 것이다.

관심사(關心事)는 어찌 보면 존재의 조건, 인생에 있어서의 실존(實存)의 향방(向方)을 낳는 중요한 전제가 아닐 수 없다. 동음이의어(同音異義語)처럼 서로 다른 속내를 가진 것들이라도, 외견상의 유사성으로 그 연관성을 찾아낼 수 있고, 그것이 시적 비유를 넘어 유비적(類比的) 내막을 일정 부분 공유하기도 한다. 겉만 일부 닮았던 두 상관물이 시인의 고도의 상상력이나 지적 매개(媒介)를 통해 제3의 의미 지대를 형성하는 것도 그런 관계의 소산이다.

영정사진을 미리 찍어
부부 사진을 확대해서 안방에 나란히 걸어놓았노라
친구에게 말했더니
그러는 게 아니라고 그러면 진짜 사단 난다고
당장에 내리라고

어느 날 꿈에
누런 도포에 갓을 쓰고 키가 장대처럼 큰 남자가
우리를 좇아왔다
뚜벅 뚜벅 걸으면 그도 뒤에서
뚜벅뚜벅뚜벅뚜벅 우리가 걷는 속도를 따라
일정한 간격을 두고 뒤를 따랐다
나는 남편 손을 꼭 잡고 식은땀을 흘리며 어느 만치 도망가다
갈림길에서 빠르게 옆길로 숨어들었다 그러자
우리를 좇던 그도 갈래 길에 걸음을 멈추고 우뚝 서기에
심장이 멎을 것처럼 눈앞이 캄캄했는데
무언가 한참 생각에 잠기는 듯하더니
그냥 모른 체 지나쳐 갔다

꿈이 하도 섬뜩하고 찜찜하여
벽에 걸었던 부부 사진을 내려 그 자리에서 찢어버렸다

며칠 후 윗집 여자가 죽었다

낯선 나라의 지도를 보는 것처럼
뜬소문처럼 막막한
옆길,
의 구원이라 믿어진다

나도 한번쯤
누구에겐가 옆길이 될 수 있을까

—「그런 일이 있었다」 전문

이 시편의 흥미로움은 죽음을 준비하는 것과 죽음을 맞는 것이 서로 배반의 관계, 혹은 죽음을 매개로 한 두동진 심리(psychology) 상태를 적나라하게 보여준다는 점이다. 미리 찍어둔 영정(影幀)사진이 주는 불길한 살(煞)을 느끼는 부부의 꿈은 여전히 쉽게 순응할 수 없는 죽음의 공포에 대한 진솔한 반응이다. 그런데 무엇보다 중요한 것은, 영정사진이 불러온 일종의 파장이 논리적으로 설명할 수 없는 것이라 해도, "며칠 후 윗집 여자가 죽"은 사실은 묘한 인과관계를 떠올리게 한다. 그것은 다름 아닌 영정사진에 대한 미혹(迷惑)이 아닐 수 없다. 이 미혹은 좋고 나쁘고의 미혹이 아니라 인간이 본원적으로 느끼는 죽음의 공포에 대한 미혹의 일단(一端)이라는 것이다. 만일 저승사자가 생전에 걸어놓은 미리 찍은 영정사진을 보고 근처까지 왔다가 철거하는 바람에 그 근처의 다른 사람을 데려갔다면, 그것은 우연(偶然)과 공정(公正) 중에 신(神)에 대한 인간적 해석을 요구받는 중요한 테마가 아닐 수 없다. 그러나 우리가 이런 상황을 해석하는 가장 중요한 관점은 죽음의 결정이 누구에게 있느냐는 또 다른 문제이기 때문이다.

똑똑한 의연한 죽음이 있고 어리석은 허망한 죽음이 있을 수 있겠으나, 그보다 그 결정이 과연 전적으로 인간의 영역이 아니라 상당 부분 절대자의 주재(主宰) 아래 있다는 믿음은 여러 시각차나 주장을 분산해 도출할 수밖에 없다. 왜냐면 그것은 어디까지나 주관(主觀)이나 믿음의 문제이기 때문이다. 그런데 여기서 더 중요한 흥미로운 사실은, 화자가 보는 죽음의 공포를 빗겨가는 '옆길'의 존재에 대한 거명(擧名)이 아닐 수 없다. 그 옆길은 "뜬소문처럼 막막한" 구원(salvation)이라고 거명되지만 이상하게도 묘한 쾌감을 주는 옆길의 뉘앙스를 지니고 있다. 부지불식간에 닥친 옆길의 구원이라서 그럴 수도 있고, 막강한 절대적인 신의 주재로부터 오는 죽음임에도 그것을 한사코 거부할 수 있는 비상구(emergency exit)라는 그 의외성(意外性)의 개가(凱歌)가 아닐 수 없다. 이 시의 흥미로움은 죽음을 부르는 생전의 영정사진이 아니라 그 죽음의 절대적 권력으로부터 시가 매개하는 범박한 생시(生時)의 '옆길'의 제시, 그 자체이다. 그 옆길은 어떤 방법으로 죽음 같은 절체절명의 숙명을 피할 수 있겠는가. 어쩌면 무망한 노릇이지만, 이 시가 구가하는 느낌은 그 삶의 소박하지만 질박한 의지 자체가 생의 여러 분기점에서 다양한 형태로 생명의 샛길 같은 '옆길'을 트여준다는 것이다. 단선적(單線的)인 생사의 질곡(桎梏)을 풀어헤치고 좌로 혹은 우로 혹은 의외의 '옆길'로 먼동처럼 트여보는 것이 유연성(柔軟性)이라면, 이 시의 옆길은 존재의 유연성을 공간적으로 혹은 심정적으로 변주해내는 하나의 상징어가 아닐 수 없다.

2.

생각의 유연성(flexibility)이 깊어지고 두드러지면 그 생각은 사물과 풍경을 새로이 해석하는 마음의 심경(心境)을 얼러내기에 이른다. 이런 유연성은 때로 너스레나 유머(humor)라는 재치있는 표현을 거느리는데, 이것은 단순한 농담이나 희롱이 아니라 삶을 웬만치 살아온 사람의 여유에서 비롯된다. 경험의 이력(履歷)을 녹여낸 듯한 희극적 표현은, 궁핍과 결핍의 간난(艱難)한 기억을 몸으로 살아낸 마음의 위트(wit)이기도 하다.

창평 장날 안뽕순대에 무등산 막걸리를 거하게 나눠
마시고 슬로시티거치 장터를 누비는데 수박만치 큰 고구

마를 앞에 두고 앉아 우리들 눈길을 잡아끌던 할머니, 씨 고구마 안 사간께 맴이 심란하다며 밭이 없거들랑 궁둥짝에라도 심으라 고단한 하루를 농으로 눙치시듯 웃으신다 뜻 없이 따라 웃고 보니 고구마를 궁둥짝에…? 야 그 할머니 야 하셨네… 근데 씨 고구마 팔아 그 돈 어디에 쓰시려나 약? 병원비? 하릴 많은 할머니를 장터에 눌러두고 온종일 해바라기하는 씨 고구마, 가져다 구워 먹든 삶아 먹든 엉덩이 툭툭 털고 일어나시게 떨이해 드릴걸 할머니의 합죽한 입도 여문 쌈지 아가리도 헤벌쭉 웃게 해드릴걸

—「야 그 할머니 야 하셨네」 전문

푸성귀나 밭작물 하나 파는 데도 나름의 구성진 말놀음이 작열하는 것은 여사여사한 곡절 많은 삶을 이러구러 큰 좌절 없이 살아낸 자의 늡늡한 말 부림이 아닐 수 없다. "씨 고구마 안 사간께 맴이 심란하다며 밭이 없거들랑 궁둥짝에라도 심으라 고단한 하루를 농으로 눙치시"는 할머니의 속종엔 삶이 던적스럽지만은 않고 낙락한 맛도 감돈다. 이러한 구수하고 재치있는 말 부림은 어디서 발원하는가. 그것은 다름 아닌 삶에 대한 본원적인 긍정(肯定)에서 발원한다 할 수 있다. 그런 장터의 할머니에 대한 연민과 동정은 "씨 고구마, 구워 먹든 삶아 먹든 엉덩이 툭툭 털고 일어나시게" 하는 '떨이'의 관철(貫徹)에 대한 뒤늦은 바람이 오롯해진다. 화자의 이런

따스한 눈길로 인해 삶은 부정태(否定態)에서 긍정태(肯定態)로 전환되는 환기력을 갖는다. 그럴 때 오무래미 할머니의 입술에도 웃음이 물리는 것이다. 이 또한 삶을 적잖이 살아온 사람의 심정적 낙락함이 아닐 수 없다.

또 이 시편의 시적 형식이 일종의 간접 인용법(引用法)에 기대고 있다는 점도 흥미로운 대목이다. 시에 대한 화자(話者)의 직접적인 개입이 일반적인 시작 형태라 볼 때, 이 시편은 주변 일상에 편재(遍在)해 있는 다양한 삶의 양태(樣態) 속에서 인상적인 대목을 간취(看取)하는 화자의 눈썰미가 자자하다. 스스로 주물러 시를 반죽하는 시적 양산(量產)만이 아니라 이렇듯 재밌고 일상의 습습한 풍물(風物)이 담긴 정취를 품어 인용(quotation)하는 것도 시적 발굴(發掘)로 종요로운 방법론이 아닐 수 없다. 그만큼 세대의 흐름과 변화 속에서 잃어가고 변모해 가는 풍속의 속내를 고스란히 건지듯 드리워놓는 인용의 시법(詩法)은 시적 대상이나 그 상관물, 혹은 시적 상황(situation)을 온전하게 거느리는 맛이 오롯하다 할 수 있다.

저 소리 들리시죠? 검은등뻐꾸기인데 홀딱 벗고~ 그렇게 울어서 홀딱벗고새라 하기도 하고 스님들은 빡빡깎고~ 한다고 빡빡깎고새라 한다네요 아! 새벽 세 시쯤 뒤뜰에서 귀신새 우는 소리 들으셨어요? 호랑귀빠귀새인데 끼~끼~ 하며 꼭 무슨 녹슨 문소리 같기도 하고 기분 나쁘게 울어서 귀신새라 부른대요 새벽에 잠깨면 한번 들어보세요 아주 으스스해요 그리고 까마귀 새끼 어떻게 우는지 모르시죠? 무슨 새가 사람처럼 아고~아고~ 하고 울어서 처음에 깜짝 놀랐다니까요 진짜 웃겨요 곤줄박이는 구애할 때 보니까 주홍 배때기를 내놓고 간드러지게도 울고요, 아까 대숲 지나면서 물까치 우는 소리, 오리 소리도 약간 내면서 쫙 쫙 혼음 소리가 나지 않나요? 근데 대체 쟤들은 모두들 뭐라 지껄이는 걸까요?

새들도 속울음을 울까요?

—「임제다 작가의 새 이야기」 전문

동료 작가로부터 전해들은 새소리에 관한 기억을 호젓하게 되새김질하는 화자의 시는, 하나의 인상을 담는 그릇이다. 그 시적(詩的) 기명(器皿)은 우리가 관성적으로 지녀왔던 생각이나 감각, 일종의 상투성(常套性)을 가만히 새뜻한 정서로 다시 묵은 솜을 새 솜으로 틀듯 틀어주는 융통(融通)의 그릇이기도 하다. '검은등뻐꾸기'가 '홀딱벗고새'가 되기도 하고 '빡빡깎고새'가 되기도 한다. 이런 별칭(別稱)이나 이명(異名)을 자유자재로 오갈 수 있는 마음의 오지랖은 곧 시적 사유와도 그 저간의 맥이 닿아 있다. 시의 수사적(修辭的) 기능 중에서 우리가 흔히 쓰는 은유(隱喩)나 환유(換喩), 혹은 상징(symbol)들도 사실은 원관념과 보조관념 사이의 관계 맺기라는 측면에서 볼 때면, 이 시편의 새소리의 새로운 호칭(呼稱) 부여와 그 수사적 양상이 유사하다. 또 시적 환기력의 측면에서도 별칭의 사용은 새로운 은유 구조를 창설한다는 의미가 드넓고 새뜻하다.

하나의 대상 사물이나 상황에 대해 새로운 의미 규정을 하는 것은 시적 관계 맺기에 앞서 하나의 즐거움일 수도 있다. 대상에 대한 시인 나름의 이런 새로운 감각의 부여(附與)는 곧 새로운 인식의 발굴로 오롯해지고 또 기꺼워진다. 숱한 시간의 우여곡절 속에서도 지금껏 별반 다르지 않게 생각했던 부분에 대해 어느 순간 새롭게 인식하는 계기의 마련은 곧 그 삶의 패턴(pattern)을 새롭게 일구어내는 전환점일 수밖에 없다.

가운을 여미고
거울 앞에 우두커니 앉아 있는
나를 두고 미용인은
잠시 생각에 잠기는 듯
음~ 하고 짧게 신음하더니
못되게 해드릴게요! 한다
인상 편한 고객을 보면
깨뜨리고 싶어진다는
속내 있는 말에 나는 활짝 웃어주며
마음 내키는 대로 하라고 했다

나른하게 길었던 머리는 이내
칼칼하고 다소 튀어 보였다
그러나 나는 유감이 없었다
달라진 머리 모양이 내 마음을 깨워
복사꽃 피는 무릉도원으로 데려갈 것 같아
이제 나를 보는 시간이
길어질 것 같아

—「못된 머리」 전문

새로움의 시작은, '못된' 시작이고 그런 생각으로의 심신(心身)의 전환이다. 못돼지기 위해 새로워지는 것이 아니라 새로워지기 위해 못될 수도 있어야 한다. 단순한 퇴영(退營)이 아니라 선선한 확장(擴張)이다. 물론 여기엔 윤리적인 조화(調和)가 뒤따른다. 부정(否定)이나 긍정(肯定) 모두를 포괄하고 포용하는 자세는 기존의 관성화된 도출을 저버리고, 새로운 '못됨'으로서의 창의(創意)를 수용해야 한다. "인상 편한 고객을 보면/깨뜨리고 싶어"지는 헤어 디자이너의 저 도발적인 자세는 자기 직종에 있어서의 개성적인 발현도 있지만, 좀 더 나아가면 관성적인 삶 그 자체의 매너리즘(mannerism)을 부단히 파괴하고자 하는 오롯이 자기 삶에의 확신과 확장이 도사린다.

그런 차원에서 '못된' 것은 기존의 모든 잘된 것의 대척의 부정성(否定性)만이 아니라 부정과 긍정의 일반적인 양태(樣

態)를 뛰어넘는 제3의 창의적인 차원, 즉 혁신의 냅뜰성이 그 저변에 깔려 있는 것이다. 이는 화자가 헤어 디자이너의 '못된' 제안에 "속내 있는 말에 나는 활짝 웃어" 보이는 대목에서 더 확연해진다. 매스미디어의 혁신적인 발달과 보편화 속에서도 자본에서 소외된 사람들이 느끼는 위화감과 소외감을 뒤발한 채 살아가는 삶에게 화자의 미용실에서의 도발은, 그 자체로 긍정적 자기 파괴의 신호탄이 아닐 수 없다. 일상의 소소한 변화조차 누가 따로 가져다주지 않는다는 전제를 놓고 볼 때 인생의 불필요한 곡절을 푸는 것, 그것은 생각의 부단한 진전을 그 속종으로 삼을 수밖에 없다. 자본에 주눅 들지 않고 거기에 당당하고 태연하게 대응하며 살아가는 방편은, 자본을 천시하는 것만이 아니라 자본이 감히 범접(犯接)할 수 없는 정신적 아이템도 누릴 줄 아는 냅뜰성, 자본만이 세상을 누리지 않는다는 시야의 확대에 자기 확신에 있다.

3.

어떤 핍진한 사연의 전후관계의 접속사(接續詞)로서만이 아니라, 모든 일상사(日常事)의 크고 작은 기쁨과 고통이 어느 정도 진행된 후에, 우리는 잠시 중간결과를 발표하듯이, '그럼에도 불구하고'라는 말을 한번쯤 써볼 때가 있다. 그래, 그럼에도 불구하고 우리는 여전히 삶에 속해 있다. 이 인생은 그러나 쉽게 우리에게 인생이 자의적(恣意的)으로 기쁘고 호활(豪豁)하게 드리우지는 않는다.

사는 게 왜 이래

불한당처럼
장애물 넘기 경기처럼
고삐 풀린 망아지처럼
자빠진 물방개처럼

세월이 왜 이래

달리는 말처럼
야박한 용돈처럼
뽕잎 갉는 누에처럼
써볼 것 없는 봄빛처럼

한마디 상의도 없이

—「세월이 왜 이래」 전문

그렇게 녹록한 삶이었다면, 우리는 이미 권태(languor)를 불가피하게 애용했을지도 모른다. 시인이 삶의 여러 정황들을 새삼 들여다봄에 볼멘소리처럼 이끌어내는 불만은 그러나 일종의 세속적 할(喝)로 볼 수도 있다. 갈수록 비루(鄙陋)해지고 저열해지는 삶의 풍속도를 향한 시인의 책려로 받아들여도 되지 않을까. “써볼 것 없는 봄빛처럼” 허망하고 하릴없이 가버리는 부박(浮薄)한 세태를 향한 일갈(一喝)은 직유 그 자체의 연속에 의해서 오늘의 삶이 얼마나 강퍅하고 건조한지를 간접적으로 드러낸다. 그런 세월과 삶은 누가 만드는가. 이 새삼스러운 질문은 어쩔 수 없이 자문자답(自問自答)일 수밖에 없다. 이 질문은 단순하지 않아서 송일순이 평생을 거쳐 그리고 나머지 일생을 통해 고민하고 또 추구해야 할 하나의 화두(話頭)나 심지(心志)처럼 가만히 융기하거나 도드라진 바가 있다. 시인은 이미 그런 마음의 바탕을 갖게 된 배경을 하나의 쓸쓸한 풍경을 통해 진설하기에 이른다.

> 홍대 거리에서 동생이 중얼거렸다
> ―벌써 낙엽이 지네
> ―8월에 무슨?
> 돌아보니
> 병든 나뭇잎이 바닥에 힘없이 내려앉고 있다
> 잎을 주워 가만히 볼에 대어본다
>
> 병상의 친구는 침구를 세워 앉아
> 혼미한 의식 속에
> 힘없이 손을 내어주는데

더 이상 자식들을 볼 수 없는 죽음의 공포로
손이 가늘게 떨리고 있었다

작은 옷가게를 운영하던 그 애의 뒷방에
걸핏하면 모여 앉아 웃고 떠들던,
외로움을 삭이며 아등바등 살아가던
지상의 기억들을 되새기듯
가쁜 숨소리
그 곁에 무수히 지나는 인파와
자동차 경적 소리
그리고
흰 구름이 떠가는
푸른 하늘

'아무도 아무도 없는 쓸쓸한 너의 아파트…'
나는 그 애가 즐겨 부르던 노래의 소절들을
가만히 불러본다

—「무상」 전문

이 시편은, "세월이 왜 이래"라고 말했던 앞서의 시적 화자의 총괄적인 일갈보다 그 눈이 더 깊고 슬프고 쓸쓸하고 헛헛하다. 죽음이 가까이 이른 친구와 조락(凋落)의 가을, 아니 지구나 우주 전체에 무상(無常)의 허스키보이스 가을이 당도

한 듯도 하다. 감상(感傷)을 자아내는 소멸과 죽음의 그림자가 창백한 얼굴로 우리의 옆얼굴을 쳐다보고 있는 듯도 하다. 그리고 "쓸쓸한 너의 아파트"의 철 지난 그러나 철을 되찾아오는 듯한 유행가가 있다. 이 삶의 무상성(無常性)은 도대체 어찌 말릴 것인가. 이 무상(mutability)을 되돌리거나 무엇보다 이 무상의 실제적인 현실 속에서 어떻게 허망에 빠져들지 않을 것인가. 이런 해묵은 그러나 어쩌면 절절한 고민 앞에 그 맬랑콜리(melancholy) 앞에 가만히 내놓을 수 있는 어떤 생각의 비전은 있기나 한 것인가. 고민마저 이른 낙엽처럼 떨구고 모르는 척 일상의 발걸음만 놓아야 하는가.

그러나 우울(憂鬱)은 부정성(否定性)만이 아니어서 새로운 계제를 만든다 할 수 있지 않을까. 우울에 깃든 나름의 고민은 생각을 품고 있다 해도 되지 않을까. 한 세계, 아니 그렇게 넓게 품을 잡지 않아도 자신의 일상의 범주(範疇) 안에서 소소하지만 비루하지 않고 거창하지 않지만 알차게 삶이 기껍고 낙락해지는 마련이 있지 않을까. 무상성(無常性)의 세상을 대하여 허무(虛無)나 맬랑콜리만이 실존의 전부가 아니듯이 그 생각의 마련 속에 웅숭깊게 갈마들어 있는 것이 있다. 그것은 무엇일까.

엄마
나 오늘 고양이한테 비둘기 선물 받았어

어떡해
밥그릇 옆에 잡아다 놓았더라구
밥 주러 나갔더니 밥그릇 옆에 비둘기가 있는 거야
깜짝 놀랐지
근데 그게 고맙다는 인사래
내가 가끔 닭고기도 주고 그러거든
그니까 나더러 고기 좀 잡숴봐라 그거지
글쎄 어떤 고양인 쥐도 잡아다 놓는다네
지들이 좋아하는 걸 가져다주는 거야
너무 웃기지?
인터넷이나 다른 맘들한테 들었을 땐 안 믿었는데
세상에, 진짜더라구
정말 신기하고 따뜻해
꾀가 말짱한 애들이라
안 가져오면 고양이가 상심할까봐 가져다 치웠어
쥐가 아니길 천만다행이야
걔들 참 영리해 눈 보면 알겠더라니까
밥 주면 고마워하는 눈빛

—「선물」 전문

이 웃지 못할 시추에이션은 웃음이 나고 가만히 그 여운을 되새김질하면 눈시울이 조금 젖어올 듯하다. 선물을 할 줄 아는 고양이, 그 선물에 온당한 반응을 보이지 않으면 상심을 할 줄 아는 고양이, 강퍅한 사람들 속에 자신을 생각하는 사람에게는 '고마워하는 눈빛'을 돋워낼 줄 아는 고양이… 그 고양이는 과연 영민한 고양이로 그치는 고양이일 뿐인가. 그렇지 않다. 숨을 달고 사는 모든 숨탄것들은 서로 너나들이 감정과 생각의 일단을 주고받을 수 있다. 믿음의 차원이 아니라 미지(未知)의 차원이라서 더 그윽하다 말해야 한다. 한 마디로 선물을 주고받을 수 있다는 것은 모든 존재는 반응하는 생명의 시스템을 웅숭깊게 갖췄다는 의미이기도 하다. 자신을 아끼고 보살피는 사람에게 비둘기 선물을 주는 고양이, 그리고 그런 고양이가 준 선물이 비둘기 주검이라는 흉물스러움에 버려져서 오히려 고양이에게 상심을 줄까 걱정하는 시인의 딸 모두 사랑홉다. 아니 이 모든 상황의 내밀한 관계를 하나의 사랑의 드라마로 보는 시인의 눈길도 사랑홉다. "지들이 좋아하는 걸 가져다주는" 그 마음은 사람도 별반 다르지 않다. 그 다르지 않은 마음이 번질 때 고통과 우울은 밝게 트일 기미가 있지 않을까.

친교(親交)가 있는 상대방에 대한 이런 몸짓은 이미 개별적인 세상의 언어를 뛰어넘는다. 「캣맘」이라는 시편에 이르러서는 마치 육친(肉親)의 본능적인 사랑으로까지 전이(轉移)돼 있는 양상이다. 그런 계제에 기호적인 구분으로서의 언어는 별 의미가 없다. 아니 그 고양이나 사람 모두가 하는 행위 자체가 언어의 광범위한 구성요소일 수 있다.

야윈 영혼을 살찌우는 밤
쉼표 같은 수로 속의 올챙이
봄, 이라 쉼표를 찍으며
파문처럼 떠다니는 달빛 아래
술래 하던 밤하늘 구름들
손뼉 탁탁 쳐 나를 부르더니
욕망의 마디들
마디마디 꺾어 던져버려

이 야호!
야호! 야호!
노숙의 메아리가
노숙의 봄 산을 넘다

—「노숙의 메아리」 부분

"밤하늘의 구름들"의 완력이 얼마나 좋은지 몰라도 "나를 부르더니/욕망의 마디들/마디마디 꺾어 던져버"리라 주문한다. 시인의 인생의 우여곡절(迂餘曲折)이 밤하늘 아래 어둑한 산처럼 드리워 있어도 청신한 활력을 얻은 영혼은 "노숙의 메아리가/노숙의 봄 산을" 휜칠하게 넘어오듯 오늘의 질곡(桎梏)을 밝히고 메꾸듯 다진다. 그리고 이제껏 걸어온 길과 경험의 축적은 새로운 비전(vision)을 낳기에 낙락하다.

한때 나는 나 없이 살았다
산수유 생강나무 꽃잎들
소리 소문 없이 나 모르게 다녀가고
초록인가 싶었는데 어느새 노오란 은행잎들
가을 자락에 매달려 스리슬쩍
등 뒤로 지나갔다

문을 나서면
매화 산수유 동백이 나 보란 듯 피어 있고
아기 별꽃들의 미소가 물안개처럼 떠다니는 산중턱에서
나는 날마다
살갑게 눈짓하는 산정의 풍경을 감내하느라 버거웠다

그러던 어느 날
산 정상에 올라
까무룩 티끌처럼 지워져 가는 노을을 바라보다가
나는 그만
시를 쓰려다 울었다

—「대장정」 전문

시인의 숙명은, 어느 한 시점의 실존이 아니라 존재 전반의 웅숭깊은 바라봄과 열망, 그 실천적 생각의 진전(進展)에 있다. 그리고 그 진전은 무엇으로 매개를 삼고 또 원동력을 삼아 확장해 나가는가. 그것은 다름 아닌 사랑이다. 사랑이란 말이 범박하게 들릴 때에도 사랑은 그 실체를 사는 모든 숨탄것들 속에서 실물(實物)로써 작동하고 숨 쉰다. 단순히 언어적 호명으로서가 아니라 실천적 작용으로서의 마음일 때 그 몸을 일으킨다. 이것이 사랑의 입체(立體)이다.

사랑은 '나 없이 사는' 것의 허망을 일깨우고 '나 있게 사는' 것으로서 상대방을 동시에 일깨우며 사는데 삶이 기껍다. 그런 의미에서 대장정은 오늘만의 특별한 시작일 수도 있지만 이미 오래전에 시작된 것이고 지금에 이르러 한숨 돌리고 있으나 여전히 전망의 눈길을 그윽이 유지하고 있다. 무수한 스침과 조락과 광경 속에 시인은 그것을 시로 "쓰려다/울었다" 한다. 표면상으로는 시는 놓치고 감정만 표출된 듯하다. 하지만 이것은 그야말로 표면의 구문에 갇힌 생각이다.

시를 쓰는 행위와 우는 행위는 동일 선상(線上)의 날갯짓이고 갈무리이다. 울 줄 아는 것이 시를 쓰는 마음의 바탕이고, 시를 쓰는 것이 우는 행위의 또 다른 몸짓이다. 그렇다면 사랑은 어디에 갈마들었는가. 그것은 다름 아닌 곡면(曲面)의 인생을 통틀어 입체(立體)의 사랑을 일으키고 이어가려는 마음에 배어두었지 싶다.

보라 꽃이 핀 도라지 밭에서

우린 서로 남모르게
마음이 동했으니
낙엽이 지는 가을날
함께 산길을 걷다
길을 잃어도 좋으리
해 뜨는 날이면
기다려도 소식 없는 그의 생각에
비문 같은 신열이
곰곰,
왜 그런지 그가
내 머릿속에서 따개비처럼
떠나지 않는다고 한다면
내가 그를 학수고대 기다리고 있다면
아마
여보야
당신은 내게 시와 살라 하겠지요

—「아마」 전문

아마, 그래 이런 가정(假定)의 부사어는 오래전부터 이어온 어떤 확정적 언사(言辭)보다 더 옹골차고 오롯한 확연함일 수도 있겠다. 앞선 「대장정」의 시편에서 "나는 날마다 살갑게 눈짓하는 산정의 풍경을 감내하느라 버거웠다"라는 구절이 있는데, 이 구절의 진의(眞意)는 이 시편에서도 면면히 그리고 오롯하게 저류(底流)하고 있다. 그것은 다름 아닌 '감내'와 '버거움'을 동시적으로 끌어안는 사랑의 오지랖과 품성, 그리고 그런 의연한 의지에 있다. "내 머릿속에서 따개비처럼/떠나지 않는다"는 그 생각의 웅숭깊음과 간절함이 시인으로 하여금 "시와 살라"는 숙명을 스스로 만들어주었다는 것. 그 처연한 밝음과 의연한 활달함이 시인의 현재와 앞길을 자꾸 틔어가는 길라잡이가 되지 않을까. 살아 힘이 실리는 사랑의 여줄가리들을 넌출넌출 뻗어가는 그 부드러운 패기 또한 이 시인의 오롯한 전망이 되지 않을까 싶다.

이 도서의 국립중앙도서관 출판시도서목록(CIP)은 서지정보유통지원시스템 홈페이지(http://seoji.nl.go.kr)와 국가자료공동목록시스템(http://www.nl.go.kr/kolisnet)에서 이용하실 수 있습니다.(CIP제어번호: CIP2017022734)

시인동네 시인선 081

아이스크림 찬미

초판 1쇄 인쇄 2017년 9월 3일
초판 1쇄 발행 2017년 9월 10일
지은이 송일순
펴낸이 고영
책임편집 서윤후
디자인 헤이존
펴낸곳 문학의전당
출판등록 제2017-000002호
주소 서울시 마포구 마포대로 11길 91, 3층
전화 02-852-1977 팩스 02-852-1978
전자우편 sbpoem@naver.com

ISBN 979-11-5896-337-8 03810